The Chord Songbook

Abba

C000071552

Wise Publications
London/New York/Paris/Sydney/Copenhagen/Madrid

Exclusive Distributors:

Music Sales Limited
8/9 Frith Street,
London W1V 5TZ, England.
Music Sales Pty Limited
120 Rothschild Avenue,
Rosebery, NSW 2018, Australia.

Order No. AM959740
ISBN 0-7119-7780-1
This book © Copyright 1999 by Wise Publications

Compiled by Nick Crispin
Music arranged by Rikky Rooksby
Music processed by The Pitts

Cover photograph courtesy of London Features International

Printed in the United Kingdom by
Caligraving Limited, Thetford, Nolfolk.

Your Guarantee of Quality
As publishers, we strive to produce every book
to the highest commercial standards.
This book has been carefully designed to minimise awkward
page turns and to make playing from it a real pleasure.
Particular care has been given to specifying acid-free,
neutral-sized paper made from pulps which have not been
elemental chlorine bleached. This pulp is from farmed sustainable
forests and was produced with special regard for the environment.
Throughout, the printing and binding have been planned to
ensure a sturdy, attractive publication which should give years
of enjoyment. If your copy fails to meet our high standards,
please inform us and we will gladly replace it.

Music Sales' complete catalogue describes thousands
of titles and is available in full colour sections by subject,
direct from Music Sales Limited. Please state your areas of interest
and send a cheque/postal order for £1.50 for postage to:
Music Sales Limited, Newmarket Road,
Bury St. Edmunds, Suffolk IP33 3YB.

Visit the Internet Music Shop at
http://www.internetmusicshop.co.uk

Chiquitita

Words & Music by
Benny Andersson & Björn Ulvaeus

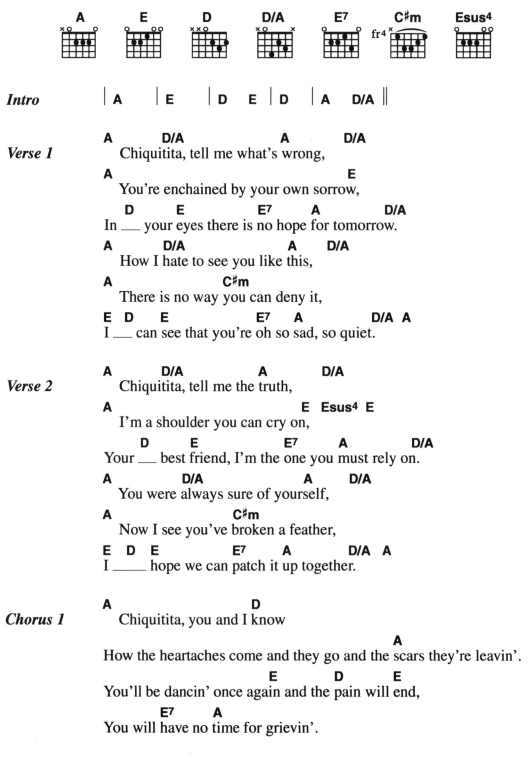

Intro

| A | E | D E | D | A D/A ||

Verse 1

A   D/A   A   D/A
Chiquitita, tell me what's wrong,

A   E
You're enchained by your own sorrow,

D   E   E⁷   A   D/A
In ⎯ your eyes there is no hope for tomorrow.

A   D/A   A   D/A
How I hate to see you like this,

A   C♯m
There is no way you can deny it,

E D   E   E⁷   A   D/A A
I ⎯ can see that you're oh so sad, so quiet.

Verse 2

A   D/A   A   D/A
Chiquitita, tell me the truth,

A   E Esus⁴ E
I'm a shoulder you can cry on,

D   E   E⁷   A   D/A
Your ⎯ best friend, I'm the one you must rely on.

A   D/A   A   D/A
You were always sure of yourself,

A   C♯m
Now I see you've broken a feather,

E D   E   E⁷   A   D/A A
I ⎯ hope we can patch it up together.

Chorus 1

A   D
Chiquitita, you and I know

                                        A
How the heartaches come and they go and the scars they're leavin'.

                          E   D   E
You'll be dancin' once again and the pain will end,

       E⁷   A
You will have no time for grievin'.

cont.
　　　　　　　　　　　　　　D
Chiquitita, you and I cry
　　　　　　　　　　　　　　　　　E　**A**
But the sun is still in the sky and shinin' above you,
　　　　　　　　　　　　　　　　E　　　　　**D**　**E**
Let me hear you sing once more like you did before,
　　　E⁷　　　　**A**
Sing a new song, Chiquitita.
　　　　　　　E　　　　　**D**　**E**
Try once more like you did before,
　　　E⁷　　　　**A**　　　**D/A**
Sing a new song, Chiquitita.

Verse 3
　　A　　　**D/A**　　　　　　**A**　　**D/A**
　　So the walls came tumblin' down,
A　　　　　　　　　　　　　　　**E**　**Esus⁴**　**E**
　　And your love's a blown out candle,
　　D　**E**　　　　**E⁷**　　　**A**　　　**D/A**
All __ is gone and it seems too hard to handle.
A　　　**D/A**　　　　**A**　　**D/A**
　　Chiquitita, tell me the truth,
A　　　　　　　　　**C♯m**
　　There is no way you can deny it,
E　**D**　**E**　　　　　**E⁷**　　**A**　　　　**D/A**　**A**
I __ see that you're oh so sad, so quiet.

Chorus 2
　　A　　　　　　　　　**D**
　　Chiquitita, you and I know
　　　　　　　　　　　　　　　　　　　　　A
How the heartaches come and they go and the scars they're leavin'.
　　　　　　　　　　　　　E　　　**D**　　　**E**
You'll be dancin' once again and the pain will end,
　　　E⁷　　　**A**
You will have no time for grievin'.
　　　　　　　　　　　　D
Chiquitita, you and I cry
　　　　　　　　　　　　　　　　　E　**A**
But the sun is still in the sky and shinin' above you,
　　　　　　　　　　　　　　　　E　　　　　**D**　**E**
Let me hear you sing once more like you did before,
　　　E⁷　　　　**A**
Sing a new song, Chiquitita.
‖:　　　**E**　　　　　**D**　**E**
Try once more like you did before,
　　　E⁷　　　　**A**
Sing a new song, Chiquitita.　:‖

Dancing Queen

Words & Music by
Benny Andersson, Björn Ulvaeus & Stig Anderson

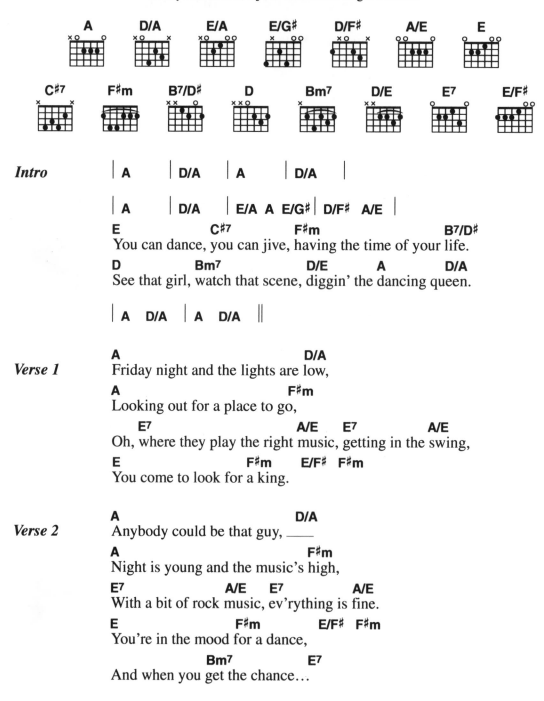

Intro

| A | D/A | A | D/A |

| A | D/A | E/A A E/G♯ | D/F♯ A/E |

E   C♯7   F♯m   B7/D♯
You can dance, you can jive, having the time of your life.
D   Bm7   D/E   A   D/A
See that girl, watch that scene, diggin' the dancing queen.

| A D/A | A D/A ‖

Verse 1

A   D/A
Friday night and the lights are low,
A   F♯m
Looking out for a place to go,
 E7   A/E E7   A/E
Oh, where they play the right music, getting in the swing,
E   F♯m E/F♯ F♯m
You come to look for a king.

Verse 2

A   D/A
Anybody could be that guy, ____
A   F♯m
Night is young and the music's high,
E7   A/E E7   A/E
With a bit of rock music, ev'rything is fine.
E   F♯m   E/F♯ F♯m
You're in the mood for a dance,
       Bm7   E7
And when you get the chance…

Chorus 1

             A   D/A   A   D/A
You are the dancing queen, young and sweet, only seventeen.
A   D/A   E/A A   E/G♯ D/F♯ A/E
Dancing queen, feel the beat from the tam - bourine, oh   yeah. _____
E   C♯7   F♯m   B7/D♯
You can dance, you can jive, having the time of your life.
       D   Bm7   D/E   A   D/A A D/A
Oh, see that girl, watch that scene, diggin' the dancing queen. _____

Link | A   D/A | A   D/A ‖

Verse 3

          A   D/A
You're a teaser, you turn 'em on,
A   F♯m
Leave 'em burning and then you're gone,
E7   A/E E7   A/E
Looking out for another, anyone will do.
E   F♯m   E/F♯ F♯m
You're in the mood for a dance,
             Bm7   E7
And when you get the chance…

Chorus 2

             A   D/A   A   D/A
You are the dancing queen, young and sweet, only seventeen.
A   D/A   E/A A   E/G♯ D/F♯ A/E
Dancing queen, feel the beat from the tam - bourine, oh   yeah. _____
E   C♯7   F♯m   B7/D♯
You can dance, you can jive, having the time of your life.
       D   Bm7   D/E   A   D/A A D/A
Oh, see that girl, watch that scene, diggin' the dancing queen. _____
           A   D/A   A D/A
Diggin' the dancing queen. _____

Outro   ‖: A | D/A | A | D/A   :‖   *Repeat to fade*

Fernando

Words & Music by
Benny Andersson, Björn Ulvaeus & Stig Anderson

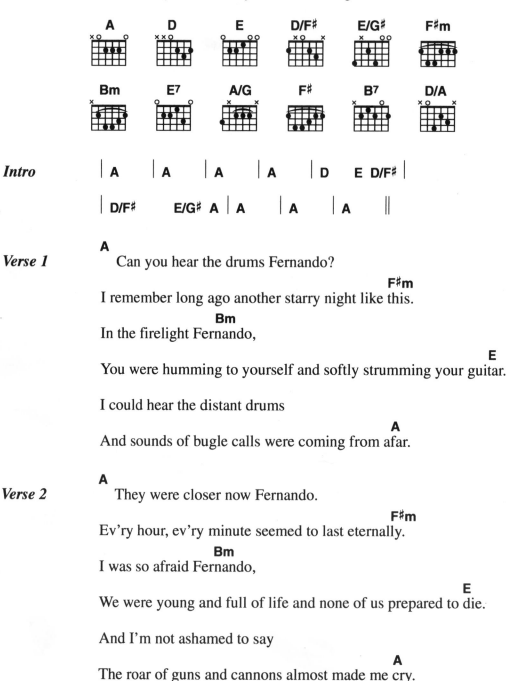

Intro

| A | A | A | A | D E D/F♯ |

| D/F♯ E/G♯ A | A | A | A ‖

Verse 1

A
Can you hear the drums Fernando?

F♯m
I remember long ago another starry night like this.

Bm
In the firelight Fernando,

E
You were humming to yourself and softly strumming your guitar.

I could hear the distant drums

A
And sounds of bugle calls were coming from afar.

Verse 2

A
They were closer now Fernando.

F♯m
Ev'ry hour, ev'ry minute seemed to last eternally.

Bm
I was so afraid Fernando,

E
We were young and full of life and none of us prepared to die.

And I'm not ashamed to say

A
The roar of guns and cannons almost made me cry.

Chorus 1

    A   E⁷
There was something in the air that night,
                         A
The stars were bright, Fernando.
                      E⁷
They were shining there for you and me,
             A
For liberty, Fernando.
            A/G   F♯
Though we never thought that we could lose,
         B⁷
There's no regret.
         E⁷
If I had to do the same again,
          A
I would my friend, Fernando.
         E⁷
If I had to do the same again,
                D   E D/F♯ | D/F♯   E/G♯ A |
I would my friend, Fernando.

| A | A D/A A | E | E | A ||

Verse 3

    A
   Now we're old and grey Fernando,
                                     F♯m
And since many years I haven't seen a rifle in your hand.
                   Bm
Can you hear the drums Fernando?
                                          E
Do you still recall the fateful night we crossed the Rio Grande?

I can see it in your eyes,
                                A
How proud you were to fight for freedom in this land.

Chorus 2

    A   E⁷
There was something in the air that night,
                         A
The stars were bright, Fernando.
                      E⁷
They were shining there for you and me,
             A
For liberty, Fernando.

cont.

               A/G   **F♯**

Though we never thought that we could lose,

      B⁷

There's no regret.

        E⁷

If I had to do the same again,

             A

I would my friend, Fernando.

Chorus 3

  A   **E⁷**

There was something in the air that night,

             A

The stars were bright, Fernando.

               E⁷

They were shining there for you and me,

          A

For liberty, Fernando.

         A/G   **F♯**

Though we never thought that we could lose,

      B⁷

There's no regret.

        E⁷

If I had to do the same again,

            A

I would my friend, Fernando.

        E⁷

‖: If I had to do the same again,

            A

I would my friend, Fernando. :‖   *Repeat to fade*

Mamma Mia

Words & Music by
Benny Andersson, Björn Ulvaeus & Stig Anderson

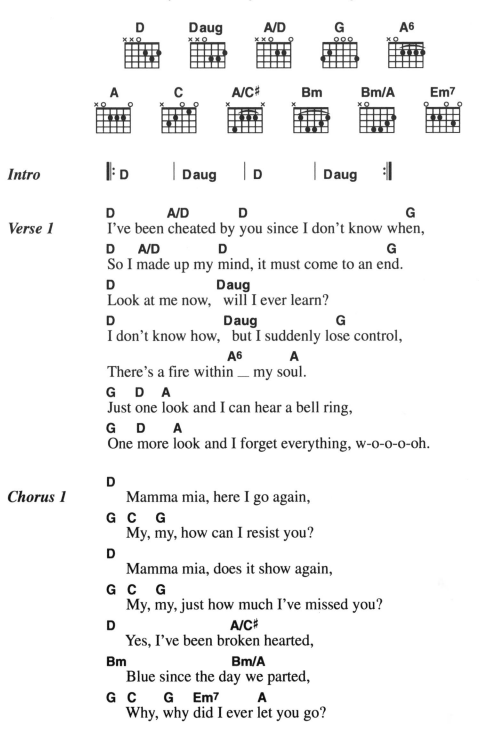

Intro   ‖: D | Daug | D | Daug :‖

Verse 1

D   A/D   D   G
I've been cheated by you since I don't know when,

D   A/D   D   G
So I made up my mind, it must come to an end.

D   Daug
Look at me now,   will I ever learn?

D   Daug   G
I don't know how,   but I suddenly lose control,

                A6   A
There's a fire within __ my soul.

G   D   A
Just one look and I can hear a bell ring,

G   D   A
One more look and I forget everything, w-o-o-o-oh.

Chorus 1

D
Mamma mia, here I go again,

G   C   G
My, my, how can I resist you?

D
Mamma mia, does it show again,

G   C   G
My, my, just how much I've missed you?

D   A/C#
Yes, I've been broken hearted,

Bm   Bm/A
Blue since the day we parted,

G   C   G   Em7   A
Why, why did I ever let you go?

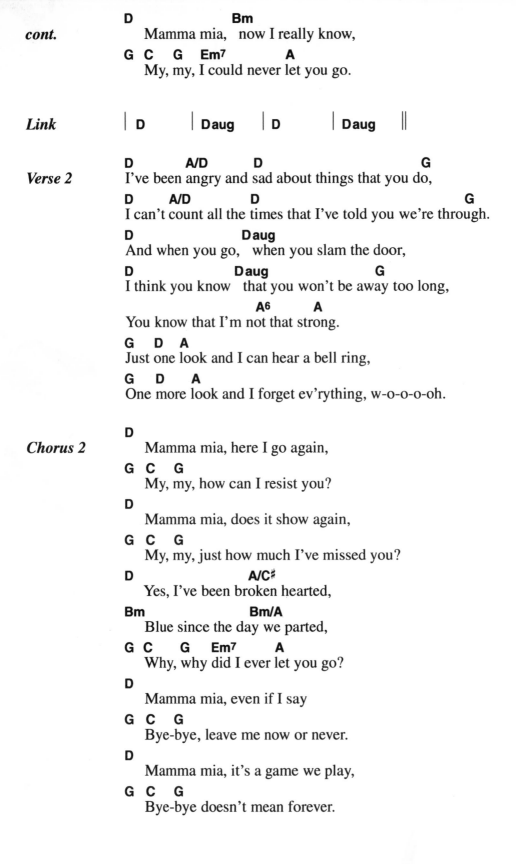

cont.

D   **Bm**
Mamma mia,   now I really know,

G   **C**   **G**   **Em7**   **A**
My, my, I could never let you go.

Link | **D** | **Daug** | **D** | **Daug** ||

Verse 2

D   **A/D**   **D**   **G**
I've been angry and sad about things that you do,

D   **A/D**   **D**   **G**
I can't count all the times that I've told you we're through.

D   **Daug**
And when you go,   when you slam the door,

D   **Daug**   **G**
I think you know   that you won't be away too long,

                        A6   **A**
You know that I'm not that strong.

G   **D**   **A**
Just one look and I can hear a bell ring,

G   **D**   **A**
One more look and I forget ev'rything, w-o-o-o-oh.

Chorus 2

D
Mamma mia, here I go again,

G   **C**   **G**
My, my, how can I resist you?

D
Mamma mia, does it show again,

G   **C**   **G**
My, my, just how much I've missed you?

D   **A/C♯**
Yes, I've been broken hearted,

Bm   **Bm/A**
Blue since the day we parted,

G   **C**   **G**   **Em7**   **A**
Why, why did I ever let you go?

D
Mamma mia, even if I say

G   **C**   **G**
Bye-bye, leave me now or never.

D
Mamma mia, it's a game we play,

G   **C**   **G**
Bye-bye doesn't mean forever.

Chorus 3

      D
Mamma mia, here I go again,

 G C   G
My, my, how can I resist you?

      D
Mamma mia, does it show again,

 G C   G
My, my, just how much I've missed you?

      D   **A/C♯**
Yes, I've been broken hearted,

Bm   **Bm/A**
Blue since the day we parted,

 G C   G   Em⁷   **A**
Why, why did I ever let you go?

      D   **Bm**
Mamma mia,   now I really know,

 G C   G Em⁷   **A**
My, my I could never let you go.

Outro   ‖: **D** | **Daug** | **D** | **Daug** :‖ *Repeat to fade*

Gimme Gimme Gimme
(A Man After Midnight)

Words & Music by
Benny Andersson & Björn Ulvaeus

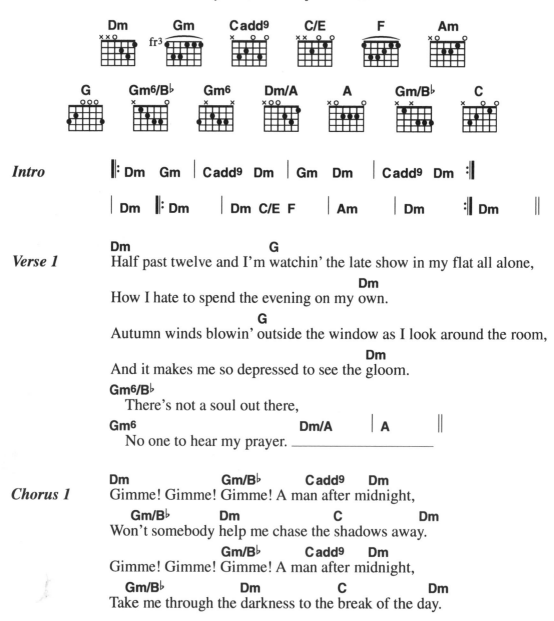

Intro

‖: Dm Gm │ Cadd9 Dm │ Gm Dm │ Cadd9 Dm :‖

│ Dm ‖: Dm │ Dm C/E F │ Am │ Dm :‖ Dm ‖

Verse 1

Dm   G
Half past twelve and I'm watchin' the late show in my flat all alone,
                                              Dm
How I hate to spend the evening on my own.
                                    G
Autumn winds blowin' outside the window as I look around the room,
                                              Dm
And it makes me so depressed to see the gloom.
Gm6/B♭
    There's not a soul out there,
Gm6   Dm/A   │ A   ‖
    No one to hear my prayer. _____

Chorus 1

Dm   Gm/B♭   Cadd9   Dm
Gimme! Gimme! Gimme! A man after midnight,
    Gm/B♭   Dm   C   Dm
Won't somebody help me chase the shadows away.
                         Gm/B♭   Cadd9   Dm
Gimme! Gimme! Gimme! A man after midnight,
    Gm/B♭   Dm   C   Dm
Take me through the darkness to the break of the day.

Link ‖: Dm | Dm C/E F | Am | Dm :‖ Dm ‖

Verse 2

    Dm   G
Movie stars find the end of the rainbow with a fortune to win,
                            Dm
It's so diff'rent from the world I'm livin' in.
              G
Tired of T. V. I open the window and I gaze into the night,
                     Dm
But there's nothing there to see, no one in sight.
Gm/B♭
  There's not a soul out there,
Gm   Dm/A | A   ‖
  No one to hear my prayer. ⎯⎯⎯⎯⎯⎯⎯

Chorus 2 As Chorus 1

Middle

Dm   Gm/B♭
Gimme! Gimme! Gimme!
    Cadd⁹   Dm   Gm/B♭ Dm C Dm
A man after midnight, ⎯⎯⎯⎯⎯
            Gm/B♭
Gimme! Gimme! Gimme!
    Cadd⁹   Dm   Gm/B♭ Dm C Dm
A man after midnight. ⎯⎯⎯⎯⎯

Instrumental ‖: Dm | Dm | Dm | Dm :‖ *Play 6 times*

Gm/B♭
  There's not a soul out there,
Gm   Dm/A | A   ‖
  No one to hear my prayer. ⎯⎯⎯⎯⎯⎯⎯

Chorus 3 As Chorus 1

Chorus 4 As Chorus 1

Outro ‖: Dm | Dm C/E F | Am | Dm :‖ *Repeat to fade*

15

I Do, I Do, I Do, I Do, I Do

Words & Music by
Benny Andersson, Björn Ulvaeus & Stig Anderson

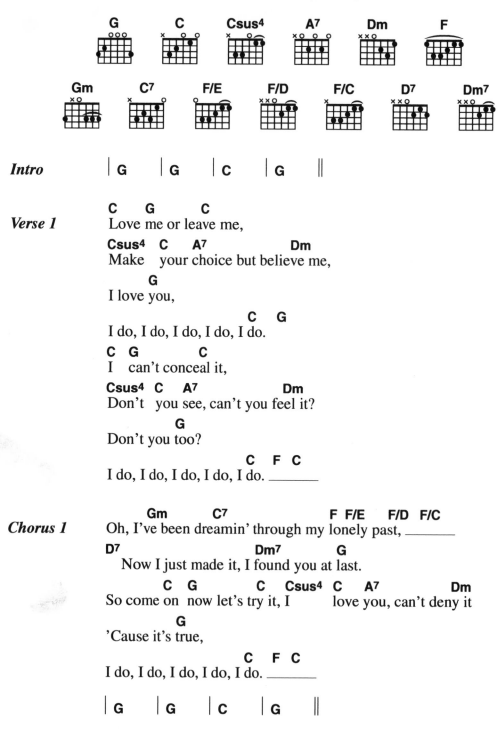

Intro | G | G | C | G ‖

Verse 1

C   G   C
Love me or leave me,

Csus4 C A7   Dm
Make   your choice but believe me,

          G
I love you,

                          C   G
I do, I do, I do, I do, I do.

C G   C
I   can't conceal it,

Csus4 C A7   Dm
Don't   you see, can't you feel it?

          G
Don't you too?

                    C   F C
I do, I do, I do, I do, I do. _____

Chorus 1

          Gm   C7   F F/E   F/D F/C
Oh, I've been dreamin' through my lonely past, _____

D7   Dm7   G
   Now I just made it, I found you at last.

          C G   C Csus4 C A7   Dm
So come on now let's try it, I   love you, can't deny it

          G
'Cause it's true,

                    C   F C
I do, I do, I do, I do, I do. _____

| G | G | C | G ‖

16

Verse 2

```
    C     G     C
Let's get together,
Csus4  C   A7              Dm
Ev' - ry  day will be better,
          G
I love you,
                      C   G
I do, I do, I do, I do, I do.
  C     G     C
Leave it or take it,
Csus4  C   A7              Dm
I       be - lieve we can make it,
              G
Don't you too?
                      C   F   C
I do, I do, I do, I do, I do. _____
```

Chorus 2

```
      Gm      C7            F    F/E        F/D  F/C
Oh, no hard feelings between you __ and me , _____
D7                    Dm7          G
  If we can't make it but just wait and see.
      C   G         C   Csus4 C   A7          Dm
So come on  now let's try it, I      love you, can't deny it
              G
'Cause it's true,
                      C   F   C
I do, I do, I do, I do, I do. _____
```

```
| G    | G    | C   F | C    ||
```

Knowing Me Knowing You

Words & Music by
Benny Andersson & Björn Ulvaeus

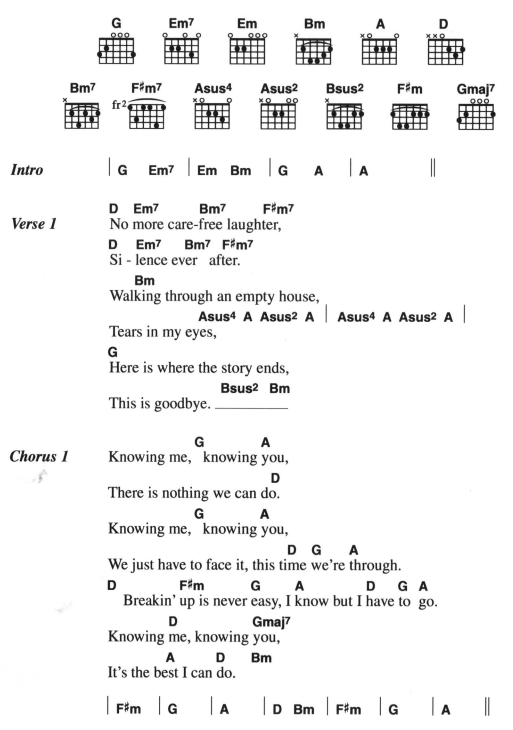

Intro | G Em7 | Em Bm | G A | A ‖

Verse 1

D Em7 Bm7 F#m7
No more care-free laughter,

D Em7 Bm7 F#m7
Si - lence ever after.

Bm
Walking through an empty house,

Asus4 A Asus2 A | Asus4 A Asus2 A |
Tears in my eyes,

G
Here is where the story ends,

Bsus2 Bm
This is goodbye. _____

Chorus 1

G A
Knowing me, knowing you,

D
There is nothing we can do.

G A
Knowing me, knowing you,

D G A
We just have to face it, this time we're through.

D F#m G A D G A
Breakin' up is never easy, I know but I have to go.

D Gmaj7
Knowing me, knowing you,

A D Bm
It's the best I can do.

| F#m | G | A | D Bm | F#m | G | A ‖

Verse 2

D   Em⁷   Bm⁷   F♯m⁷
Mem'ries, good days, bad days,

D   Em⁷   Bm⁷ F♯m⁷
They'll be with me always.

Bm
In these old familiar rooms

                  Asus⁴ A Asus² A | Asus⁴ A Asus² A |
Children would play.

G
Now there's only emptiness,

              Bsus² Bm
Nothing to say. _____

Chorus 2

           G   A
Knowing me, knowing you,

                    D
There is nothing we can do.

           G   A
Knowing me, knowing you,

                      D G   A
We just have to face it, this time we're through.

D   F♯m   G   A   D G A
  Breakin' up is never easy, I know but I have to go.

          D   Gmaj⁷
Knowing me, knowing you,

        A   D   Bm
It's the best I can do.

| F♯m | G | A | D Bm | F♯m | G | A |

| Asus⁴ Bm | Bm | A Bm ||

Chorus 3

           G   A
Knowing me, knowing you,

                    D
There is nothing we can do.

           G   A
Knowing me, knowing you,

                      D G   A
We just have to face it, this time we're through.

D   F♯m   G   A   D   G A
  Breakin' up is never easy, I know but I have to go.

          D   Gmaj⁷
Knowing me, knowing you,

        A   D   Bm
It's the best I can do.

                          Repeat to fade

| F♯m | G | A   ‖: D Bm | F♯m | G | A   :‖

Money, Money, Money

Words & Music by
Benny Andersson & Björn Ulvaeus

Am · F7 · Dm · E7aug · E7/G# · E7 · Asus4 · E7/A

G · F · B♭/F · G/F · F/E · B7/D# · B7 · A7

F7 · E · B♭m · C7 · F7aug · E♭m · B♭7 · G♭7

Intro | Am | F7 | Dm   E7aug   Am | Am   ‖ Am | Am |

Verse 1

Am
I work all night, I work all day

   E7/G#
To pay the bills I have to pay.

E7   **Am**
  Ain't it sad?

And still there never seems to be

   E7/G#
A single penny left for me,

E7   **Am**
  That's too bad.

Asus4 **Am**   **E7/A** **Am**   **G**
In my dreams I have a plan,

F **B♭/F** **F**   **G/F**   **F**
If I got me a wealthy man

F/E **Dm**
  I wouldn't have to work at all,

  B7/D#   **E7**
I'd fool around and have a ball. ____

| E7 | E7   ‖

Chorus 1

    Am   **B⁷**
Money, money, money,
            E⁷
Must be funny
   E⁷aug   **Am**
In a rich man's world.

               B⁷
Money, money, money,
            E⁷
Always sunny
   E⁷aug   **Am**
In a rich man's world.
   Dm **E⁷**
Aha, aha.
A⁷   **Dm**
  All the things I could do
F⁷ E Am
If I had a little money,
Dm   **E⁷aug**   **Am** | **F⁷** |
  It's a rich man's world.
Dm   **E⁷aug**   **Am** | **Am** ‖
  It's a rich man's world.

Verse 2

    Am
A man like that is hard to find,
     E⁷/G♯
But I can't get him off my mind.
E⁷   **Am**
  Ain't it sad?

And if he happens to be free
   E⁷/G♯
I bet he wouldn't fancy me,
E⁷   **Am**
  That's too bad.
  Asus⁴ Am   **E⁷/A** **Am** **G**
So I must leave, I'll have to go
F B♭/F F   **G/F F**
  To Las Vegas or Monaco,
F/E   **Dm**
  And win a fortune in a game,
  B⁷/D♯   **E⁷**
My life would never be the same.

| **E⁷** | **E⁷**   ‖

Chorus 2

Am   B7
Money, money, money,

             E7
Must be funny

   E7aug   Am
In a rich man's world.

                   B7
Money, money, money,

             E7
Always sunny

   E7aug   Am
In a rich man's world.

    Dm   E7
Aha, aha.

A7   Dm
   All the things I could do

F7 E Am
If I   had a little money,

Dm   E7aug   Am | F7 ||
   It's a rich man's world.

Chorus 3

B♭m   C7
Money, money, money,

             F7
Must be funny

   F7aug   B♭m
In a rich man's world.

                   C7
Money, money, money,

             F7
Always sunny

   F7aug   B♭m
In a rich man's world.

    E♭m F7
Aha, aha.

B♭7   E♭m
   All the things I could do

G♭7 F B♭m
If I   had a little money,

E♭m   F7aug   B♭m | G♭7 |
   It's a rich man's world.

E♭m   F7aug   B♭m
   It's a rich man's world.

One Of Us

Words & Music by
Benny Andersson & Björn Ulvaeus

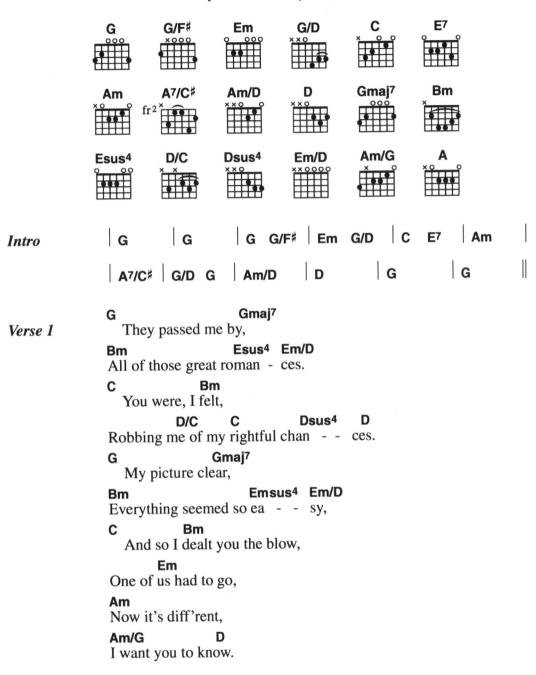

Intro
| G | G | G G/F# | Em G/D | C E7 | Am |
| A7/C# | G/D G | Am/D | D | G | G ‖

Verse 1

G   Gmaj7
   They passed me by,

Bm   Esus4 Em/D
All of those great roman - ces.

C   Bm
   You were, I felt,

          D/C   C   Dsus4   D
Robbing me of my rightful chan - - ces.

G   Gmaj7
   My picture clear,

Bm   Emsus4 Em/D
Everything seemed so ea - - sy,

C   Bm
   And so I dealt you the blow,

     Em
One of us had to go,

Am
Now it's diff'rent,

Am/G   D
I want you to know.

Chorus 1

```
                    G
         One of us is cryin',
         G/F♯         Em
         One of us is lyin'
         Em/D        C  E7    Am
         In her lonely bed, __
         A         D
         Staring at the ceiling,
         C                  D                    G  Em  C
         Wishing she was somewhere else instead. _____
         D        G
         One of us is lonely,
         G/F♯         Em
         One of us is only
         Em/D         C    E7
         Waiting for a call. __
         Am             A7/C♯
           Sorry for herself,
                 G/D
         Feeling stupid, feeling small,
         Am/D                      D
         Wishing she had never left at all.
```

Verse 2

```
         G          Gmaj7
           I saw myself
         Bm             Esus4  Em/D
         As a concealed attrac - tion,
         C          Bm         D/C
           I felt you kept me away
                   C          Dsus4  D
         From the heat and the ac  -  tion.
         G          Gmaj7
           Just like a child,
         Bm             Esus4    Em/D
         Stubborn and misconceiv - ing,
         C             Bm
           That's how I started the show,
                 Em
         One of us had to go.
         Am
         Now I've changed
             Am/G        D
         And I want you to know.
```

Chorus 2

             G
One of us is cryin',

G/F♯   **Em**
One of us is lyin'

Em/D   **C** **E7**   **Am**
In her lonely bed, ___

A   **D**
Staring at the ceiling,

C   **D**   **G** **Em** **C**
Wishing she was somewhere else instead. _____

D   **G**
One of us is lonely,

G/F♯   **Em**
One of us is only

Em/D   **C** **E7**
Waiting for a call. ___

Am   **A7/C♯**
  Sorry for herself,

        G/D
Feeling stupid, feeling small,

Am/D   **D**
Wishing she had never left at all.

        G **G/F♯**
Never left at all. ___

Outro

| **Em** **Em/D** | **C** **E7** | |

Am **A**   **D**
  Staring at the ceiling,

C   **D**   **G** **Em** **C**
Wishing she was somewhere else instead. _____

D   **G**
One of us is lonely,

G/F♯   **Em**
One of us is only

Em/D   **C** **E7**
Waiting for a call. ___

Am   **A7/C♯**
  Sorry for herself,

        G/D
Feeling stupid, feeling small,

Am/D   **D**
Wishing she had never left at all. *Fade out*

S.O.S.

Words & Music by
Benny Andersson, Björn Ulvaeus & Stig Anderson

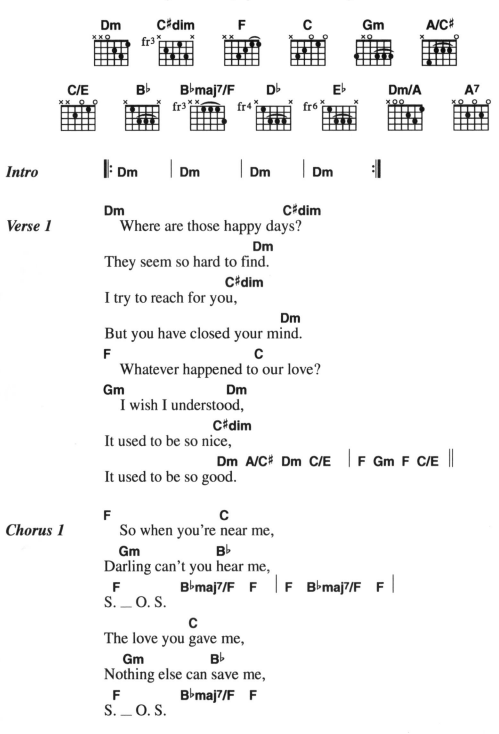

Intro ‖: Dm │ Dm │ Dm │ Dm :‖

Verse 1

     Dm   **C#dim**
Where are those happy days?

               Dm
They seem so hard to find.

         C#dim
I try to reach for you,

                 Dm
But you have closed your mind.

F   **C**
Whatever happened to our love?

Gm   **Dm**
I wish I understood,

        C#dim
It used to be so nice,

        Dm A/C# Dm C/E │ **F Gm F C/E** ‖
It used to be so good.

Chorus 1

    F   **C**
So when you're near me,

  Gm   **B♭**
Darling can't you hear me,

 F   **B♭maj7/F** **F** │ **F B♭maj7/F F** │
S. _ O. S.

        C
The love you gave me,

  Gm   **B♭**
Nothing else can save me,

 F   **B♭maj7/F** **F**
S. _ O. S.

                        B♭
cont.   When you're gone,
                    D♭   **E♭**   **F**
               How can I __ even try to go on?
                        B♭
               When you're gone,
                    D♭   **E♭**   **F**
               Though I try, how can I __ carry on?

                    Dm   **C♯dim**
Verse 2   You seem so far away,
                                         Dm
               Though you are standing near.
                         C♯dim
               You made me feel alive,
                                  Dm
               But something died I fear.
               F   **C**
                 I really tried to make it out,
               Gm   **Dm**
                 I wish I understood.
                              C♯dim
               What happened to our love,
                      Dm A/C♯ Dm C/E │ **F Gm F C/E** ‖
               It used to be so good?

Chorus 2   As Chorus 1

Link   │ **Dm/A** │ **A⁷** │ **Dm/A** │ **Dm/A** │ **A⁷** │ **Dm A/C♯ F C/E** ‖

Chorus 3   As Chorus 1

               F   **B♭**
Outro   When you're gone,
                       D♭   **E♭**   **F**
               How can I __ even try to go on?
                         B♭
               When you're gone,
                    D♭   **E♭**   **F**
               Though I try, how can I __ carry on?

               │ **Dm** │ **Dm** │ **Dm** ‖

Super Trouper

Words & Music by
Benny Andersson & Björn Ulvaeus

C Csus⁴ G Dm Csus² Am Asus²

Dsus² Gsus² Em G⁶ F C/E Gsus⁴ A⁷/E

Intro

 C Csus⁴ C
Super Trouper beams are gonna blind me

Csus⁴ C   G
But I won't feel blue

Dm   G
Like I always do,

               C Csus²
'Cause somewhere in the crowd there's you.

| C Csus² | Am Asus² | Am Asus² |

| Dm Dsus² | Dm Dsus² | G Gsus² | G Gsus² ‖

Verse 1

 C   Em
I was sick and tired of everything

     Dm   G⁶ G
When I called you last night from Glasgow.

 C   Em
All I do is eat and sleep and sing,

      Dm   G⁶ G
Wishing ev'ry show was the last show.

 F   C/E
  So imagine I was glad to hear you're coming,

 F   C/E
  Suddenly I feel alright

 F   C
  And it's gonna be so different

        Gsus⁴ G
When I'm on the stage to - night.

Chorus 1

              C   Csus4 C
Tonight the Super Trouper lights are gonna find me,

Csus4 C   G
Shining like the sun,

Dm   G
Smiling, having fun,

                      C
Feeling like a number one.

                  Csus4   C
Tonight the Super Trouper beams are gonna blind me,

Csus4 C   G
But I won't feel blue

Dm   G
Like I always do,

                         C   Csus2
'Cause somewhere in the crowd there's you.

Link

| C   Csus2 | Am Asus2 | Am Asus2 |

| Dm Dsus2 | Dm Dsus2 | G   Gsus2 | G   Gsus2 ‖

Verse 2

C   Em
Facing twenty thousand of your friends,

            Dm   G6 G
How can anyone be so lonely?

C   Em
Part of a success that never ends,

            Dm   G6 G
Still I'm thinking about you on - ly.

F   C/E
There are moments when I think I'm going crazy,

F   C/E
But it's gonna be alright,

F   C
Ev'rything will be so different

                Gsus4 G
When I'm on the stage to - night.

Chorus 2   As Chorus 1

          F   **Am**
So I'll be there when you arrive,

          Dm   **G**   **C**
The sight of you will prove to me I'm still alive,

               G   **F**
And when you take me in your arms

         Dm   **A⁷/E**
And hold me tight,

  Dm   **G**
I know it's gonna mean so much tonight.

Chorus 3

               C   **Csus⁴** **C**
‖: Tonight the Super Trouper lights are gonna find me,

Csus⁴ **C**   **G**
Shining like the sun,

Dm   **G**
Smiling, having fun,

                   C
Feeling like a number one.

            Csus⁴ **C**
Tonight the Super Trouper beams are gonna blind me,

Csus⁴ **C**   **G**
But I won't feel blue

Dm   **G**
Like I always do,

                        C   **Csus²**
'Cause somewhere in the crowd there's you.   :‖ *Repeat to fade*

Take A Chance On Me

Words & Music by
Benny Andersson & Björn Ulvaeus

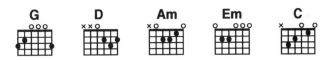

Capo fourth fret

Chorus 1

                   G
If you change your mind, I'm the first in line,

Honey, I'm still free,
            D
Take a chance on me.

If you need me, let me know, gonna be around,
                      G
If you got no place to go when you're feeling down.

If you're all alone when the pretty birds have flown,

Honey, I'm still free,
            D
Take a chance on me,

Gonna do my very best and it ain't no lie,
                G
If you put me to the test, if you let me try.
    Am   **D**
Take a chance on me,
    Am   **D**
Take a chance on me.

Verse 1

Am
We can go dancing, we can go walking,
   G
As long as we're together.
Am
Listen to some music, maybe just talking,
   G
You'd get to know me better.

'Cause you know I got

                        Em
                           So much that I wanna do,

                        C
                           When I dream I'm alone with you,

                              Em   C   D
                        It's ma - gic.

                        Em
                           You want me to leave it there,

                        C
                           Afraid of a love affair,

                              Am   **D**
                        But I think you know

                              Am   **D**
                        That I can't let go.

Chorus 2   As Chorus 1

                                      Am
Verse 2   Oh you can take your time baby, I'm in no hurry,

                           G
                        I know I'm gonna get you.

                        Am
                        You don't wanna hurt me, baby don't worry,

                        G
                        I ain't gonna let you.

                        Let me tell you now,

                        Em
                           My love is strong enough,

                        C
                           To last when things are rough,

                              Em   C   D
                        It's ma - gic.

                        Em
                           You say that I waste my time,

                        C
                           But I can't get you off my mind,

                              Am   **D**
                        No I can't let go,

                                 Am   **D**
                        'Cause I love you so.

Chorus 3
>   **G**

If you change your mind, I'm the first in line,

Honey, I'm still free,
D
Take a chance on me.

If you need me, let me know, gonna be around,
                                     G
If you got no place to go when you're feeling down.

If you're all alone when the pretty birds have flown,

Honey, I'm still free,
D
Take a chance on me,

Gonna do my very best,

Baby can't you see?

Gotta put me to the test,
G
Take a chance on me.

Outro
       G
‖: Ba ba ba ba baa, ba ba ba ba baa,

Honey I'm still free,
D
Take a chance on me.

Gonna do my very best,

Baby can't you see?

Gotta put me to the test,
G
Take a chance on me. :‖ *Repeat to fade*

Thank You For The Music

Words & Music by
Benny Andersson & Björn Ulvaeus

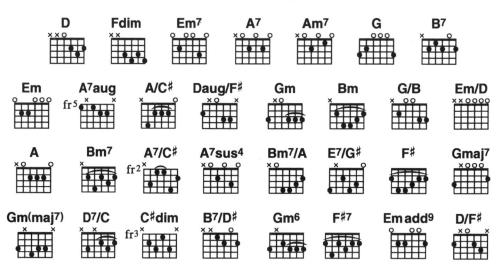

Capo second fret

Intro | D Fdim | Em⁷ A⁷ ||

Verse 1

    D   Fdim
I'm nothing special,

Em⁷   A⁷   D
In fact I'm a bit of a bore,

Am⁷ D   G
    If I tell a joke,

     B⁷   Em Em⁷ A⁷ A⁷aug
You've probably heard it before.

     D
But I have a talent,

   A/C♯
A wonderful thing,

      D   Daug/F♯
'Cause everyone listens

      G   Gm
When I start to sing.

    Bm   G/B
I'm so grateful and proud,

    Em⁷   Em/D   A
All I want is to sing it out loud.

Chorus 1

A   Bm7 A7/C#
So I   say

D   Em   A7sus4 A7   D
Thank you for the music, the songs   I'm singing,

Bm   Bm7/A E7/G#   A7sus4 A7
  Thanks for all the joy they're bring - ing.

D   Em   F#   Bm7   Gmaj7
Who can live without it? I ask in all honesty.

                    Gm(maj7)
What would life be?

            D   D7/C   B7
Without a song or dance what are we?

   C#dim B7/D# Em   G
So I   say   thank you for the music,

     A7sus4 A7   D Fdim Em7   A7
For giv - ing it to me.

Verse 2

D   Fdim   Em7   A7   D
Mother says I __ was a dancer before I could walk.

Am7 D   G   B7
      She says I began to sing

                    Em Em7 A7 A7aug
Long before I could talk.

     D   A/C#   Aaug
And I've often wondered, how did it all start?

     D   Daug/F#   G   Gm
Who found out that nothing can capture a heart

   Bm   G/B
Like a melody can?

       Em7   Em/D   A
Well, whoever it was, I'm a fan.

Chorus 2

A   Bm7 A7/C#
So I   say

D   Em   A7sus4 A7   D
Thank you for the music, the songs   I'm singing,

Bm   Bm7/A E7/G#   A7sus4 A7
  Thanks for all the joy they're bring - ing.

D   Em   F#   Bm7   Gmaj7
Who can live without it? I ask in all honesty.

                    Gm(maj7)
What would life be?

            D   D7/C   B7
Without a song or dance what are we?

   C#dim B7/D# Em   G
So I   say   thank you for the music,

     A7sus4 A7   D Gm6 D
For giv - ing it to me.

Middle

Gm6   D   Gm6   D
I've been so lucky, I am the girl with golden hair,

         Gm6 F#7   Bm Bm7/A
I wanna sing it out   to   everybody,

Em7   Em/D   A   Bm7 A7/C#
What a joy, what a life, what a chance! _____

Chorus 3

D   Em   A7sus4 A7   D
Thank you for the music, the songs   I'm   singing,

Bm   Bm7/A E7/G#   A7sus4 A7
  Thanks for all the joy they're bring - ing.

D   Em   F#   Bm7   Gmaj7
Who can live without it? I ask in all honesty.

                    Gm(maj7)
What would life be?

              D   D7/C   B7
Without a song or dance what are we?

   C#dim B7/D# Em   G
So I   say   thank you for the music,

    A7sus4 A7   D D7/C B7
For giving   it to me.

   C#dim B7/D# Em   G
So I   say   thank you for the music,

    A7sus4 A7   D Emadd9 D/F# Gm6 D
For giv - ing it to me. _____

The Name Of The Game

Words & Music by
Benny Andersson, Björn Ulvaeus & Stig Anderson

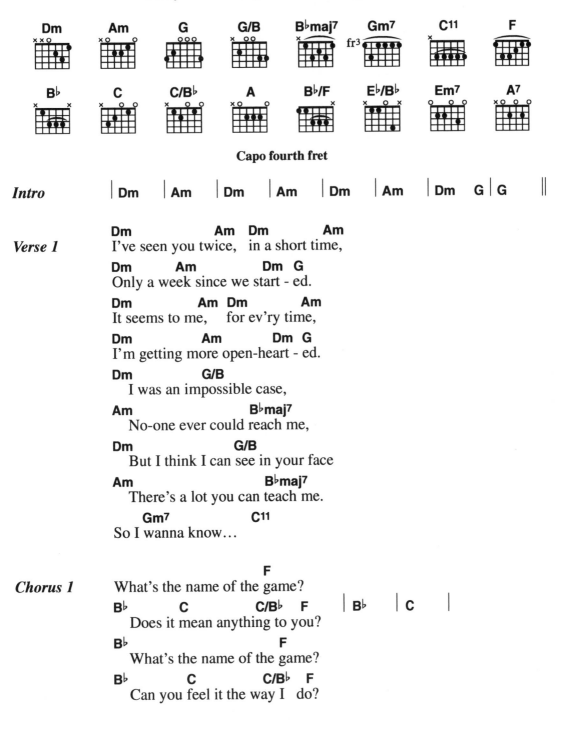

Capo fourth fret

Intro | Dm | Am | Dm | Am | Dm | Am | Dm G | G   ‖

Verse 1
Dm   Am Dm   Am
I've seen you twice, in a short time,

Dm   Am   Dm G
Only a week since we start - ed.

Dm   Am Dm   Am
It seems to me,   for ev'ry time,

Dm   Am   Dm G
I'm getting more open-heart - ed.

Dm   G/B
  I was an impossible case,

Am   B♭maj7
  No-one ever could reach me,

Dm   G/B
  But I think I can see in your face

Am   B♭maj7
  There's a lot you can teach me.

   Gm7   C11
So I wanna know…

Chorus 1
                        F
What's the name of the game?

B♭   C   C/B♭ F | B♭ | C |
  Does it mean anything to you?

B♭   F
  What's the name of the game?

B♭   C   C/B♭ F
  Can you feel it the way I do?

       A   **Dm**   **G/B**   **C**
Tell me please, 'cause I have to know,

         A   **Dm** **G/B**   **C11**
I'm a bashful child, beginning to grow.

       F   **B♭/F**
And you make me talk, and you make me feel,

       F   **B♭** **E♭/B♭** **B♭**
And you make me show what I'm try - ing   to conceal.

       F   **B♭/F**
If I trust in you, would you let me down?

          F   **Dm**   **Em7** **A7**
Would you laugh at me, if I said I care for you?

          B♭maj7
Could you feel the same way too?

     Gm7   **C11**
I wanna know…

                 Dm | **Am** | **Dm** | **Am** |
The name of the game.

| **Dm** | **Am** | **Dm** **G** | **G** ||

Verse 2

Dm   **Am** **Dm**   **Am**
I have no friends, no-one to see,

Dm   **Am**   **Dm G**
And I am never invi - ted.

Dm   **Am Dm**   **Am**
Now I am here,   talking to you,

Dm   **Am**   **Dm G**
No wonder I _ get exci - ted.

Dm   **G/B**
Your smile, and the sound of your voice,

Am   **B♭maj7**
And the way you see through me,

Dm   **G/B**
Got a feeling, you gimme no choice,

Am   **B♭maj7**
But it means a lot to me.

   Gm7   **C11**
So I wanna know…

Chorus 2

                     F
What's the name of the game?

B♭   **C**   **C/B♭** **F** | **B♭** | **C** |
Does it mean anything to you?

B♭   **F**
What's the name of the game?

B♭   **C**   **C/B♭** **F**
Can you feel it the way I do?

cont.

    A   **Dm**   **G/B**   **C**
Tell me please, 'cause I have to know,

      A   **Dm** **G/B**   **C11**
I'm a bashful child, beginning to grow.

        F   **B♭/F**
And you make me talk, and you make me feel,

        F   **B♭** **E♭/B♭** **B♭**
And you make me show what I'm try - ing   to conceal.

      F   **B♭/F**
If I trust in you, would you let me down?

          F   **Dm**   **Em7** **A7**
Would you laugh at me, if I said I care for you?

        B♭maj7
Could you feel the same way too?

  Gm7   **C11**
I wanna know…

        Gm7   **C11**
Oh yes, I wanna know…

Outro

              F
The name of the game.

         B♭
‖: (I was an impossible case,)

     C   **C/B♭**   **F**
Does it mean anything to you?

       B♭
(But I think I can see in your face,

C   **B♭**
  And it means that I love you.)

           F
What's the name of the game?

        B♭
(Your smile and the sound of your voice,)

     C   **C/B♭** **F**
Can you feel it the way I do?

         B♭
(Got a feeling you give me no choice,

C   **B♭**
  But it means that I love you.)

           F
What's the name of the game? :‖ *Repeat to fade*

The Winner Takes It All

Words & Music by
Benny Andersson & Björn Ulvaeus

Capo first fret

Intro ‖: F | F A⁷/C♯ | Dm | Dm D⁷/F♯ |
| Gm | Gm | C | C :‖

Verse 1
    C   F
    I don't wanna talk
            C/E
About the things we've gone through,
         Gm/D
Though it's hurting me,
        C
Now it's history.
         F
I've played all ＿ my cards
            C/E
And that's what you've done too.
        Gm/D
Nothing more to say,
        C
No more ace to ＿ play.

Chorus 1
          F
The winner takes it all,
  A⁷/C♯   Dm
The loser standing small
 D⁷/F♯   Gm
Beside the victory,
        C
That's her destiny.

Verse 2

                      F   C/E

I was in your arms thinking I __ belonged there,

                   Gm/D   C

I figured it made sense, building me a fence.

                     F   C/E

Building me a home, thinking I'd be strong there,

               Gm/D   C

But I was a fool, playing by the rules.

Link 1

                          F

The Gods may throw a dice,

        A7/C♯   Dm

Their minds as cold as ice,

      D7/F♯   Gm

And someone way down here

            C

Loses someone dear.

Chorus 2

                        F

The winner takes it all,

        A7/C♯   Dm

The loser has to fall,

      D7/F♯   Gm

It's simple and it's plain,

            C

Why should I complain?

Verse 3

                 F   C/E

But tell me   does she kiss like I used to kiss you?

               Gm/D   C

Does it feel the same when she calls your name?

                 F   C/E

Somewhere deep inside, you must know I __ miss you,

               Gm/D   C

But what can I say? Rules must be obeyed.

Link 2

                          F

The judges will decide,

        A7/C♯   Dm

The likes of me abide,

      D7/F♯   Gm

Spectators of the show

            C

Always staying low.

Chorus 3

               F
The game is on again,

  A7/C♯   **Dm**
A lover or a friend,

   D7/F♯   **Gm**
A big thing or a small,

                C
The winner takes it all.

Verse 4

             F
I don't wanna talk

          C/E
If it makes you feel sad.

        Gm/D
And I understand

              C
You've come to shake my hand.

     F
I apologise

         C/E
If it makes you feel bad

        Gm/D
Seeing me so tense,

    C
No self-confidence.

Outro

But you see

         F   **A7/C♯** **Dm**
The winner takes it all, _____

  D7/F♯   **Gm**   **C**
The winner takes it all. _____

‖: **F** | **F** **A7/C♯** | **Dm** | **Dm** **D7/F♯** |

| **Gm** | **Gm** | **C** | **C**   :‖ *Repeat to fade*

Voulez-Vous

Words & Music by
Benny Andersson & Björn Ulvaeus

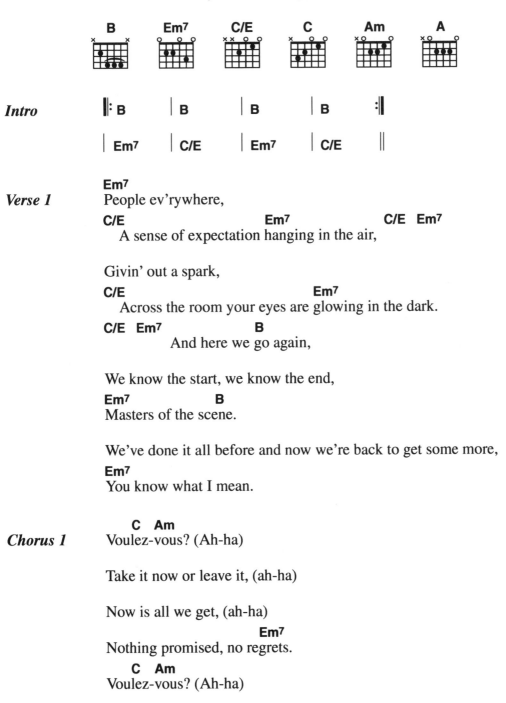

Intro

‖: B | B | B | B :‖

| Em⁷ | C/E | Em⁷ | C/E ‖

Verse 1

Em⁷
People ev'rywhere,
C/E   Em⁷   C/E Em⁷
    A sense of expectation hanging in the air,

Givin' out a spark,
C/E   Em⁷
    Across the room your eyes are glowing in the dark.
C/E Em⁷   B
        And here we go again,

We know the start, we know the end,
Em⁷   B
Masters of the scene.

We've done it all before and now we're back to get some more,
Em⁷
You know what I mean.

Chorus 1

         C Am
Voulez-vous? (Ah-ha)

Take it now or leave it, (ah-ha)

Now is all we get, (ah-ha)
                              Em⁷
Nothing promised, no regrets.
         C Am
Voulez-vous? (Ah-ha)

cont.   Ain't no big decision, (ah-ha)

You know what to do, (ah-ha)
                        Em7
La question c'est voulez-vous?
    C **A**
Voulez-vous?

Instrumental ‖: **B** | **B** | **B** | **B**   :‖

              | **Em7** | **C/E** | **Em7** | **C/E** ‖

           Em7
Verse 2   I know what you think,
           C/E   **Em7**   **C/E** **Em7**
      "The girl means business so I'll offer her a drink."

Lookin' mighty proud,
           C/E   **Em7**
      I see you leave your table, pushin' through the crowd.
           C/E **Em7**   **B**
         I'm really glad you came,

You know the rules, you know the game,
           Em7   **B**
Master of the scene.

We've done it all before and now we're back to get some more.
Em7
You know what I mean.

           C **Am**
Chorus 2   Voulez-vous? (Ah-ha)

Take it now or leave it, (ah-ha)

Now is all we get, (ah-ha)
                           Em7
Nothing promised, no regrets.
           C **Am**
Voulez-vous? (Ah-ha)

Ain't no big decision, (ah-ha)

You know what to do, (ah-ha)
                        Em7
La question c'est voulez-vous?

	B
Verse 3	And here we go again,

                    B
Verse 3   And here we go again,

                We know the start, we know the end,
                Em⁷   **B**
                Masters of the scene.

                We've done it all before and now we're back to get some more,
                Em⁷
                You know what I mean.

                        C   Am
Chorus 3   Voulez-vous? (Ah-ha)

                Take it now or leave it, (ah-ha)

                Now is all we get, (ah-ha)
                                        Em⁷
                Nothing promised, no regrets.
                        C   Am
                Voulez-vous? (Ah-ha)

                Ain't no big decision, (ah-ha)

                You know what to do, (ah-ha)
                                        Em⁷
                La question c'est voulez-vous?
                        C   A
                Voulez-vous?

Instrumental ‖: **B** | **B** | **B** | **B**   :‖ **Em⁷** |

                        C   Am   **Em⁷**
Outro   Voulez-vous? (Ah-ha, ah-ha, ah-ha)
                        C   Am   **Em⁷**
                Voulez-vous? (Ah-ha, ah-ha, ah-ha)
                ‖:   **C   Am**
                ‖: Voulez-vous? Take it now or leave it, (ah-ha)

                Now is all we get, (ah-ha)
                                Em⁷
                Nothing promised, no regrets. :‖   *Repeat to fade*

Waterloo

Words & Music by
Benny Andersson, Björn Ulvaeus & Stig Anderson

D   E/D   A/C#   G/B   A   Bm

Bm/A   E7/G#   A/G   A/F#   A/E   G   D/C#

Intro | D | D | D | D ||

Verse 1
         D   E/D   A/C# G/B   A
My, my, at Waterloo Napoleon did surrender,
         D   E/D   A/C# G/B   A   Bm
Oh yeah, and I __ have met my dest-i-ny in quite a similar way.

The history book on the shelf
Bm/A E7/G#   A A/G A/F# A/E
Is   al - ways repeating itself. _____

Chorus 1
         D   G
Waterloo, I was defeated, you won the war.
         A   D   A
Waterloo, promise to love you for evermore.
         D   G
Waterloo, couldn't escape if I wanted to.
         A   D
Waterloo, knowing my fate is to be with you.
              A   D
Wa, Wa, Wa, Wa, Waterloo, finally facing my Waterloo.

| D | D | D ||

Verse 2
         D   E/D   A/C#   G/B   A
My, my, I tried to hold you back but you were stronger,
         D   E/D   A/C#   G/B   A   Bm
Oh yeah, and now it seems my only   chance is givin' up the fight.

And how could I ever refuse?
Bm/A E7/G#   A A/G A/F# A/E
I   feel like I win when I lose. _____

Chorus 2
        D   **G**
Waterloo, I was defeated, you won the war.
        A   **D**   **A**
Waterloo, promise to love you for evermore.
        D   **G**
Waterloo, couldn't escape if I wanted to.
        A   **D**
Waterloo, knowing my fate is to be with you.
                A   **D**
Wa, Wa, Wa, Wa, Waterloo, finally facing my Waterloo.

Link
D/C♯ **Bm**
So   how could I ever refuse?
     E⁷/G♯   **A**
I feel like I win when I lose.

Outro
        D   **G**
Waterloo, couldn't escape if I wanted to.
        A   **D**
Waterloo, knowing my fate is to be with you.
                A   **D**
‖: Wa, Wa, Wa, Wa, Waterloo, finally facing my Waterloo.
                A
Wa, Wa, Wa, Wa, Waterloo,
                D
Knowing my fate is to be with you. :‖ *Repeat to fade*

Relative Tuning

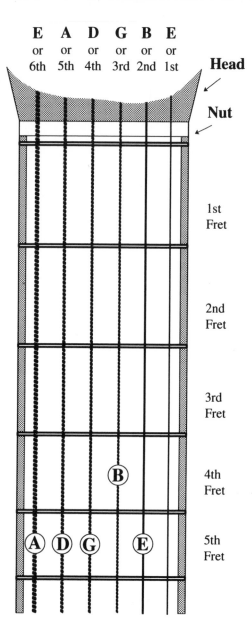

E	A	D	G	B	E
or	or	or	or	or	or
6th	5th	4th	3rd	2nd	1st

Head

Nut

The guitar can be tuned with the aid of pitch pipes or dedicated electronic guitar tuners which are available through your local music dealer. If you do not have a tuning device, you can use relative tuning. Estimate the pitch of the 6th string as near as possible to E or at least a comfortable pitch (not too high, as you might break other strings in tuning up). Then, while checking the various positions on the diagram, place a finger from your left hand on the:

5th fret of the E or 6th string and **tune the open A** (or 5th string) to the note (A)

5th fret of the A or 5th string and **tune the open D** (or 4th string) to the note (D)

5th fret of the D or 4th string and **tune the open G** (or 3rd string) to the note (G)

4th fret of the G or 3rd string and **tune the open B** (or 2nd string) to the note (B)

5th fret of the B or 2nd string and **tune the open E** (or 1st string) to the note (E)

1st Fret

2nd Fret

3rd Fret

4th Fret

5th Fret

Reading Chord Boxes

Chord boxes are diagrams of the guitar neck viewed head upwards, face on as illustrated. The top horizontal line is the nut, unless a higher fret number is indicated, the others are the frets.

The vertical lines are the strings, starting from E (or 6th) on the left to E (or 1st) on the right.

The black dots indicate where to place your fingers.

Strings marked with an O are played open, not fretted.

Strings marked with an X should not be played.

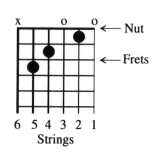

x   o   o ← Nut

← Frets

6 5 4 3 2 1
Strings

3/01 (39757)